Carrol-Ann Wehrmeyer

Worte, die das Leben schrieb

Carrol-Ann Wehrmeyer

Worte, die das Leben schrieb

kleiner Augenblick... ... komm mit in meine Welt und sieh was mich Zusammenhält

Goldene Rakete Verlag für Belletristik

Imprint

Cover image: www.ingimage.com

Publisher:
Goldene Rakete Verlag für Belletristik
is a trademark of
International Book Market Service Ltd., member of OmniScriptum Publishing Group
17 Meldrum Street, Beau Bassin 71504, Mauritius

Printed at: see last page
ISBN: 978-620-2-44459-0

Inhaltsverzeichnis

Paradies

Kein Licht erstrahlt
an diesem Ort.
Doch wie gemalt,
so ist es dort.

Schön warm und weich,
und ganz beschützt.
Hier bin ich reich,
sogleich geschützt.

Schutz verlassen,
kein Blick zurück.
Muss loslassen,
welch ein Glück.

Der Fremde

Es war morgen,
dass Ziel war nah.
Keine Sorgen,
bis er mich sah.

Da kam ein Mann,
geschwind zu mir.
Er sprach mich an,
was will er hier?

Wie alt ich sei,
dass fragte er.
Ich war noch mein,
doch war ich leer.

Mit mir er ging,
bis am mein Ziel.
Ich war gefang,
mir war´s zu viel.

Sehnsucht

Bei Tag und Nacht,
da bin ich wach.
Gedanken kreisen,
um die Weisen.
Neben mir liegen,
den Traum entfliegen.
An einen Ort,
ganz weit fort.

Mein Freund

Auf einer Wiese,
da thronte ein Riese.
So schön und rund,
du warst mein Wunsch.
Nahm dich mit;
und das geschwind.
Mein Herz genommen,
dabei viel gewonnen.
An deiner Seite,
suchten wir das Weite.
Die Welt erkunden,
sehr viel gefunden.
Du bist mein Freund,
von dir habe ich geträumt.

Die Stunde

Mich zerbrochen?
Niemals gebrochen!
Viel zu lange,
war ich zugange.

Zur mir selbst gefunden,
in endlosen Stunden.
Gekämpft um dich,
bis ich brich.

Den Ausweg genommen,
meinem Schicksal entronnen.
Endlich frei,
ganz ohne Geschrei.

Zu sich finden

Das Herz blutet,
es schreit so sehr.
Die Augen fluten,
ich kann nicht mehr.

Der Welt entschwinden,
allein den Weg.
Mich wieder finden,
so schnell es geht.

Dem Licht entgegen,
immer weiter.
Das Ziel betreten,
wieder heiter.

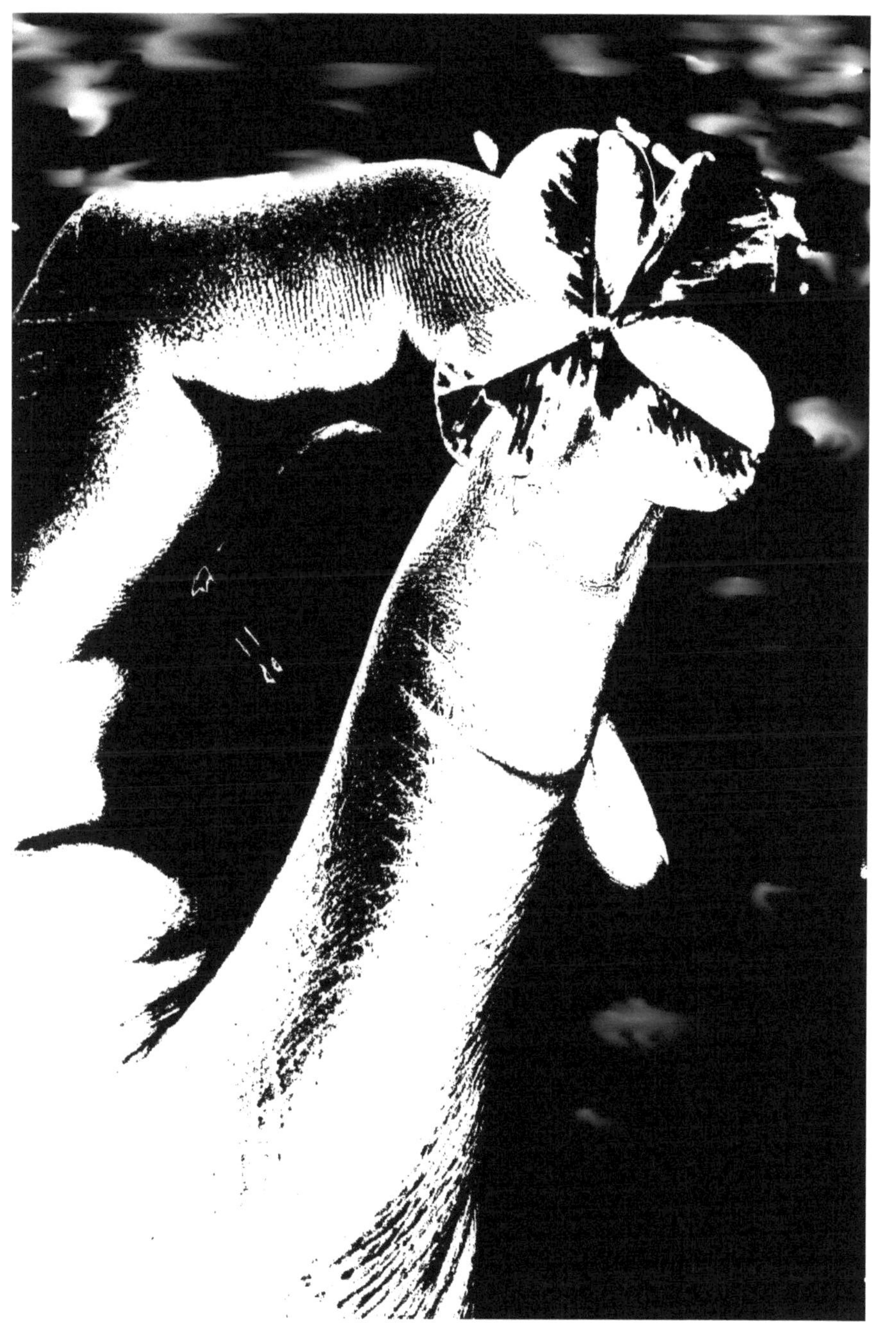

Freude

So klein und fein,
du warst schon mein.
Viel erleben,
mein Herz gegeben.

Mein Platz bei dir,
dich nicht verlier.
Seite an Seite,
mein Herz befreite.

Deine Augen strahlen,
ich will nicht prahlen.
So unbeschreiblich.
So unvergleichlich.

Wegweiser

Sieh zu und lerne,
ich zeige dir die Sterne.
Sie leuchten oben,
ich muss sie loben.

Sehr weit entfernt,
viel von ihnen gelernt.
Lass dir sagen,
du musst sie fragen.

Dir Antwort geben,
dann einfach leben.
Beschütze sie,
wie deine Fantasie.

Himmel

Du bist so fern und doch so nah,
du fehlst mir sehr, du bist nicht da.
Jeder Gedanke dreht sich um dich,
denn eines weiß ich, du warst für mich.
Alle Gedanken führen zu dir,
wie ein Stern, so strahlst du in mir.
In meinem Herzen ist dein Platz,
du bist mein allergrößter Schatz.

Neubeginn

Alles schwarz und düster,
ich war nur ein Geflüster.
Jede Träne nur für dich,
alles in mein Herz stich.
Wir konnten nicht gewinn,
doch es war ein Neubeginn.

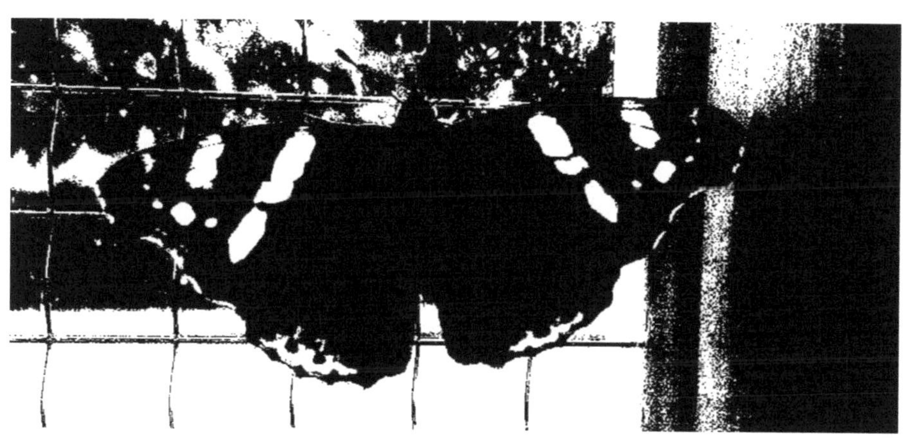

Flügel

Du schöner Schmetterling auf meiner Hand,
deine Flügel sind wie ein Seidengewand.
Ach, könnte ich nur mit dir fliegen,
du wirkst so anmutig und zufrieden.
Alle Sorgen vergessen;
und nichts mehr vermissen...
Bitte nimm mich mit in deine Welt;
und zeig mir was dich zusammenhält.
Für einen kleinen Augenblick,
für dich ist es nur ein Zaubertrick.

Dunkelheit und Licht

Die Nacht ist lang,
mir wird schon bang.
Im Bett liegen,
den Feind besiegen.

Wer ist der Feind?
Wenn er erscheint.
Doch nur Gedanken,
die dich schranken.

Nehm dein Glück,
wenn er dich drückt,
in deine Hände,
es kommt die Wände.

Wenn du fort willst...

...dabei dir hilfst,
deinen Weg gehen,
dann wirst du seh´n

Geh allein,
dass will ich mein.
Finde dein Heim,
bloß nicht wein´.

Zu sich selbst finden,
nur nicht erblinden.
Die Augen offen;
und weiter hoffen.

Hoffnung

Wenn du stehst in deiner Pracht,
du denkst du hast die Macht.
Dann sei Gewiss,
nichts bleibt wie es ist.

Wölfe heulen an den Mond,
sie wissen, dass es lohnt.
Was du siehst sind Sterne.
Alles andere rückt in Ferne.

Ganz oben thront,
da strahlt der Mond.
Ohne dich,
Du merkst es nicht.

Spaziergang

Die Sonne strahlt,
am Himmel droben,
so angestrahlt,
die Vögel flogen.

So ging ich heiter,
des Mutes froh.
Immer weiter,
einfach so.

Das Glück gefühlt;
es lacht das Herz.
Den Tag verspielt,
ganz ohne Schmerz.

Aufstieg

Gedanken gefangen,
vieles entgangen.
Die Sicht zur kurz,
dann der Absturz.

Unabwendbar,
doch überwindbar.
Den Schritt gewagt,
niemals verzagt.

Ausweg gesehen,
neuen Weg begehen.
Glück in der Hand,
dem Licht zugewandt.

Begehren

Was begehrt das Herz?
Vielleicht nur Schmerz?
Den Dolch es spürt,
sich nicht mehr rührt.

Es sucht nach Wegen;
und will sich heben.
In der Brust,
nichts mehr als Frust.

Den letzten Atemzug,
dann ist´s genug.
Die Augen zu,
leg dich zur Ruh.

In sich hören,
dabei sich schwören.
Nicht nur Schmerz,
regiert das Herz.

Die Liebe finden,
Schicksal binden.
Augen auf,
Glück in hauf.

Traum

In der Nacht,
an dich gedacht.
Alles für dich,
doch seh´ dich nicht.

Tag ein Tag aus,
mir wird schon graus.
Komm zu mir,
kleiner Vampir.

Ich sehne mich
nach deinem Stich.
Will bei dir sein,
im Mondenschein.

Vielleicht

ein Wort von Unsicherheit.
Teilt man es auf,
ist das Leben **viel leichter**,
wenn Gefühle klar ausgedrückt werden.

Grenzenlos

Die Liebe die sie geben,
wirst du gerne nehmen.
Bedingungslos und rein,
wird sie immer sein.

Lass dich leiten,
von ihren Seiten.
Grenzenlos sie ist,
ihr Herz niemals misst.

Bleib ihnen treu;
Bloß keine Scheu.
Bis ans Ende,
keine Wende.

Angekommen

Weiß der Strand;
und so viel Sand.
Der Himmel blau,
einfach wow.

Die Füße warm,
dich mit mir nahm.
Ruh dich aus,
wir sind zuhaus´.

Keine Sorgen,
um den Morgen.
Wir sind hier,
ich bei dir.

Printed by Books on Demand GmbH, Norderstedt / Germany